Thayanne Gabryelle • **Vilza Carla**

Nova Edição

ESSA MÃOZINHA VAI LONGE

Caligrafia

3

Educação Infantil

Editora do Brasil

Dados Internacionais de Catalogação na Publicação (CIP)
(Câmara Brasileira do Livro, SP, Brasil)

Gabryelle, Thayanne
Essa mãozinha vai longe: caligrafia 3: educação infantil / Thayanne Gabryelle, Vilza Carla. – 5. ed. – São Paulo: Editora do Brasil, 2019.

ISBN 978-85-10-07447-6 (aluno)
ISBN 978-85-10-07448-3 (professor)

1. Caligrafia (Educação infantil) I. Carla, Vilza. II. Título.

19-26135   CDD-372.634

Índices para catálogo sistemático:

1. Caligrafia: Educação infantil 372.634
Maria Alice Ferreira – Bibliotecária – CRB-8/7964

Direção-geral: Vicente Tortamano Avanso

Direção editorial: Felipe Ramos Poletti
Gerência editorial: Erika Caldin
Supervisão de arte e editoração: Cida Alves
Supervisão de revisão: Dora Helena Feres
Supervisão de iconografia: Léo Burgos
Supervisão de digital: Ethel Shuña Queiroz
Supervisão de controle de processos editoriais: Roseli Said
Supervisão de direitos autorais: Marilisa Bertolone Mendes

Supervisão editorial: Carla Felix Lopes
Edição: Monika Kratzer
Assistência editorial: Beatriz Pineiro Villanueva
Auxílio editorial: Marcos Vasconcelos
Copidesque: Gisélia Costa e Ricardo Liberal
Revisão: Alexandra Resende e Rosani Andreani
Pesquisa iconográfica: Elena Molinari
Assistência de arte: Lívia Danielli
Design gráfico: Talita Lima
Capa: Talita Lima
Edição de arte: Patricia Ishihara
Imagem de capa: Luara Almeida
Ilustrações: Camila de Godoy, Carolina Sartório, HeartCRFT/Shutterstock.com (ícones), Lorena Kaz e Silvana Rando
Coordenação de editoração eletrônica: Abdonildo José de Lima Santos
Editoração eletrônica: Adriana Tami
Licenciamentos de textos: Cinthya Utiyama, Jennifer Xavier, Paula Harue Tozaki e Renata Garbellini
Controle de processos editoriais: Bruna Alves, Carlos Nunes, Rafael Machado e Stephanie Paparella

5ª edição / 11ª impressão, 2024
Impressão: PifferPrint Gráfica e Editora

Editora do Brasil

Avenida das Nações Unidas, 12901
Torre Oeste, 20º andar
São Paulo, SP – CEP: 04578-910
Fone: +55 11 3226-0211
www.editoradobrasil.com.br

Apresentação

Olá, querida criança!

Este é seu livrinho de Caligrafia!

Nele, você encontrará muitos exercícios atrativos e coloridos, que a estimularão a fazer traçados, pinturas e atividades lógicas como padrões e sequências, a escrever letras e números com legibilidade e fluência, a reconhecer formas geométricas e a construir muitos outros conhecimentos.

Tudo isso por meio de brincadeiras, já que sabemos que você adora brincar, não é mesmo? Assim, você realizará as atividades escolares com prazer e alegria.

Um grande beijo das autoras.

Canção para aprender a escrever

Pego o lápis com três dedos
Deixo dois a descansar,
Seguro pertinho da ponta.
Vou escrever, vou desenhar!

Com o pulso dobradinho
Suavemente na mesinha,
Vou brincando e cantando
Ao traçar cada letrinha.

Cantiga escrita especialmente para esta obra.
(Melodia: Terezinha de Jesus.)

Currículos

Thayanne Gabryelle*

- Licenciada em Pedagogia
- Especializada em Pedagogia aplicada à Música, à Harmonia e à Morfologia
- Professora do Ensino Fundamental nas redes particular e pública de ensino por vários anos
- Professora do curso de formação de professores do Ensino Fundamental
- Autora de livros didáticos de Educação Infantil e Ensino Fundamental

*A autora Celme Farias Medeiros utiliza o pseudônimo de Thayanne Gabryelle em homenagem à sua neta.

Vilza Carla

- Graduada em Pedagogia, com habilitação em Orientação Educacional
- Pós-graduada em Psicopedagogia
- Autora da **Coleção Tic-Tac – É Tempo de Aprender**, de Educação Infantil, pela Editora do Brasil
- Vários anos de experiência com crianças em escolas das redes particular e pública, nas áreas de Educação Infantil e Ensino Fundamental

Sua mãozinha vai longe...

Ó mãozinhas buliçosas!
Não me dão sossego e paz,
Volta e meia elas aprontam
Uma reinação: zás-trás!
[...]

Mas se chegam carinhosas
Quando querem me agradar
— Que delícia de mãozinhas!
Já não posso me zangar...

Não resisto às covinhas,
À fofura, à maciez
Das mãozinhas buliçosas:
Me derreto duma vez!

Tatiana Belinky. **Cinco trovinhas para duas mãozinhas**. 2. ed. São Paulo: Editora do Brasil, 2008. p. 4, 11 e 12.

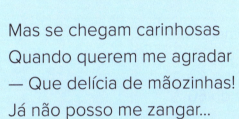

Sumário

Coordenação motora

Se eu soubesse urrar,
Tivesse uma cauda longa
E fosse o rei da selva...
Quem eu seria?

Adivinha elaborada especialmente para esta obra.

Cubra o pontilhado para completar a figura e descobrir a resposta para a adivinha. Depois, pinte o animalzinho.

Que dia tão bom!
Que manhã fresquinha!
Brincam contentes:
o pato, o marreco e a galinha.

Quadrinha escrita especialmente para esta obra.

Observe as cenas. Depois, use as cores indicadas e ligue as cenas iguais.

Pardal

Acorda com o sol,
Dorme com a lua.
Lá vai o pardal,
Um moleque de rua. [...]

Lalau e Laurabeatriz. **Zum-zum-zum e outras poesias**. São Paulo: Companhia das Letrinhas, 2007. p. 42.

Passe o dedo indicador nos movimentos do voo de cada pardal e trace as linhas com lápis. Depois, pinte os últimos pardais.

Jacaré está na lagoa
Com preguiça de nadar.
Deixa estar, seu jacaré,
Que a lagoa há de secar!

Parlenda.

Cubra os tracejados e continue desenhando os dentes que faltam nos jacarés. Depois, pinte os outros jacarés.

Siga as setas e trace o caminho que cada animal vai percorrer.

O sapo pula à toa na beira da lagoa.

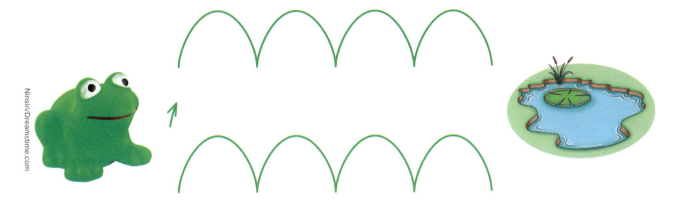

O peixe vive a nadar nas águas do mar.

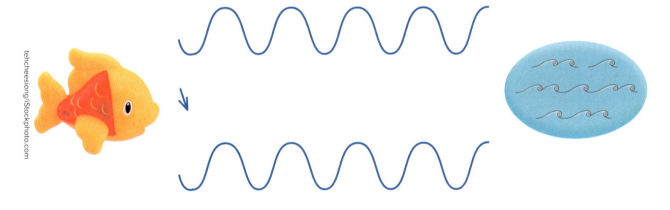

O passarinho voa alegre para o ninho.

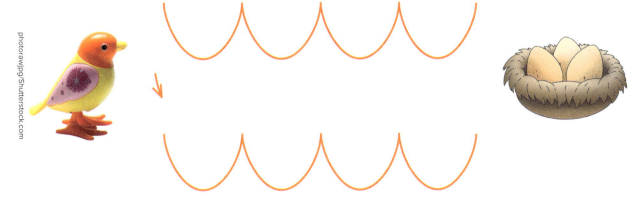

Minha boneca de lata
Bateu a cabeça no chão
Levou mais de uma hora
Pra fazer a arrumação.

Cantiga.

Cubra os tracejados e desenhe os cabelos das outras bonecas.

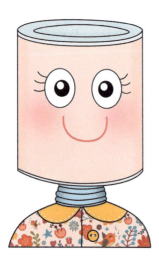
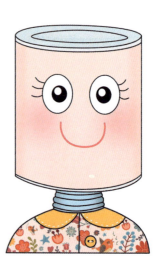

Zum-zum-zum

O zumbido
Da abelha
Faz coceguinhas
Na orelha.

Lalau e Laurabeatriz. **Zum-zum-zum e outras poesias**.
São Paulo: Companhia das Letrinhas, 2007. p. 20.

Cubra os tracejados e desenhe anteninhas iguais nas abelhas da mesma fileira.

Você diz que sabe muito,
Borboleta sabe mais.
Ainda de pernas pra cima,
Coisa que você não faz.

Quadrinha.

Pinte os espaços seguindo as cores dos pontinhos para descobrir a figura de um animalzinho.

Vogais

Pinte todas as vogais que aparecem em cada palavra e copie-as nos quadrinhos.

abelha

espelho

inseto

óculos

urso

Continue unindo as vogais e copie três vezes as palavras formadas.

a + i = ai

a + u = au

e + i = ei

e + u = eu

o + i = oi

u + i = ui

Consoantes minúsculas e maiúsculas

Circule a consoante inicial das palavras e cubra o tracejado das letras.

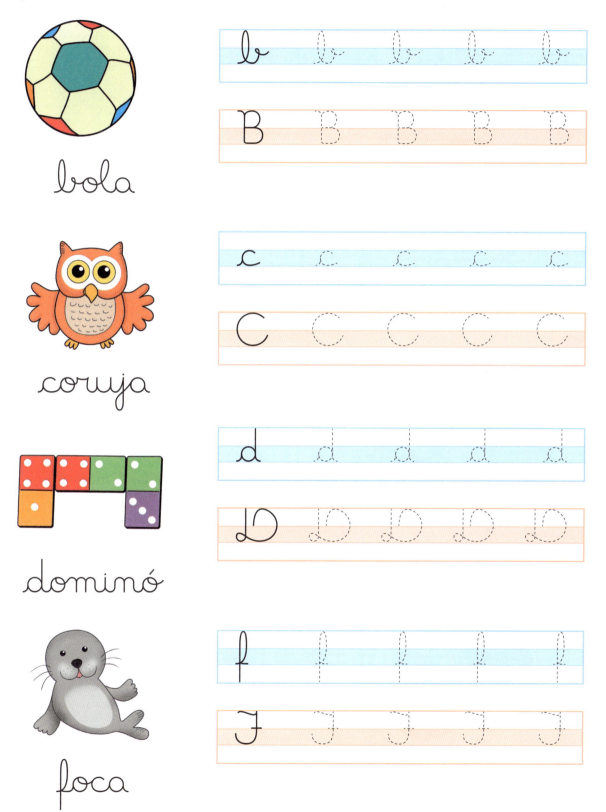

bola

coruja

dominó

foca

galinha

hora

jacaré

kiwi

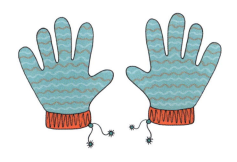

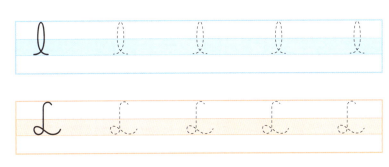

luvas

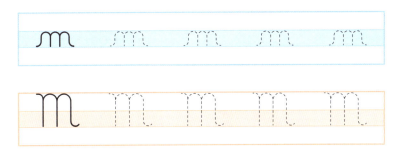

macaco

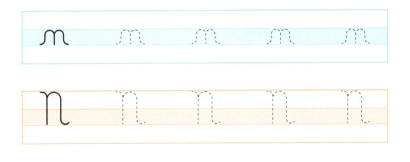

nenê

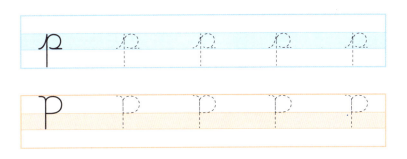

pipoca

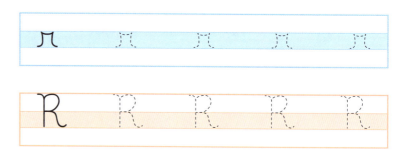

queijo

rato

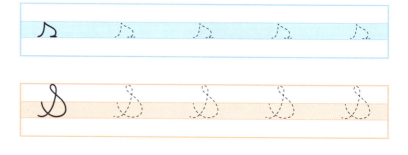

sapato

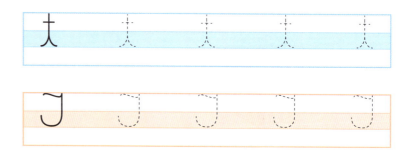

tinta

vaca

waffle

xícara

yakisoba

zabumba

Alfabeto minúsculo

Aprenda o alfabeto minúsculo cobrindo o tracejado das letras.

Agora, copie o alfabeto minúsculo.

Alfabeto maiúsculo

Cubra o tracejado da letra inicial de cada nome e escreva-a na plaquinha correspondente.

Alice Bruno Cora Daniel

Eva Felipe Gabi Hugo Isis

João Karen Luís Maria Nina

Otávio

Paty

Quincas

Rita

Sofia

Tito

Ulisses

Vera

Wilian

Xênia

Yan

Zico

Famílias, palavras e frases

Pinte o bebê. Depois, cubra o tracejado e copie a família do b – B.

bebê

| ba | be | bi | bo | bu |

| Ba | Be | Bi | Bo | Bu |

Cubra o tracejado de cada palavra e ligue-a à imagem correspondente. Depois, copie as palavras.

baú

boi

bico

bule

Encontre a imagem diferente em cada grupo e faça um **X** nelas.

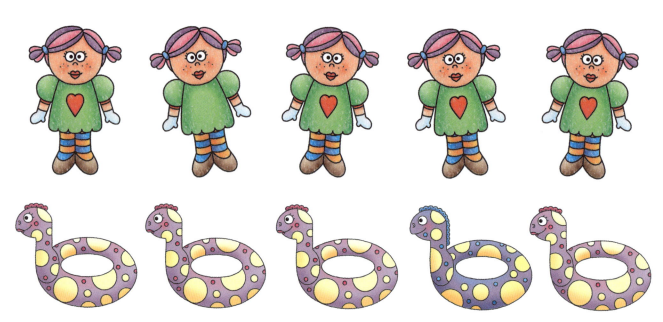

Agora, complete as palavras e copie as frases.

A boneca e a boia.

A boneca é bela.

Pinte o coelho. Depois, cubra o tracejado e copie a família do c – C.

coelho

ca   ce   ci   co   cu

Ca   Ce   Ci   Co   Cu

Cubra os tracejados e complete o nome de cada imagem. Depois, copie as palavras.

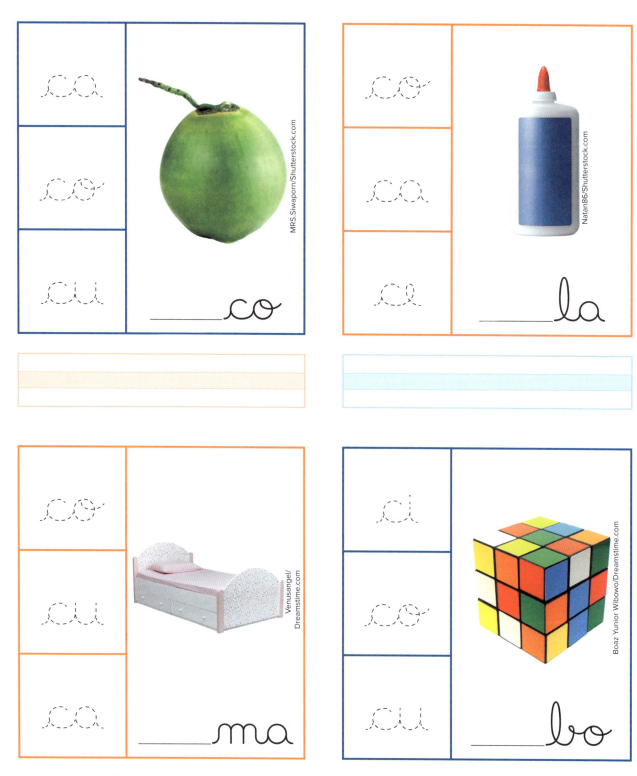

Pinte a cueca de Caio e a casa de Cacá. Em seguida, complete as palavras e copie as frases.

A cueca é de Caio.

A casa é de Cacá.

Pinte o dado. Depois, cubra o tracejado e copie a família do d – D.

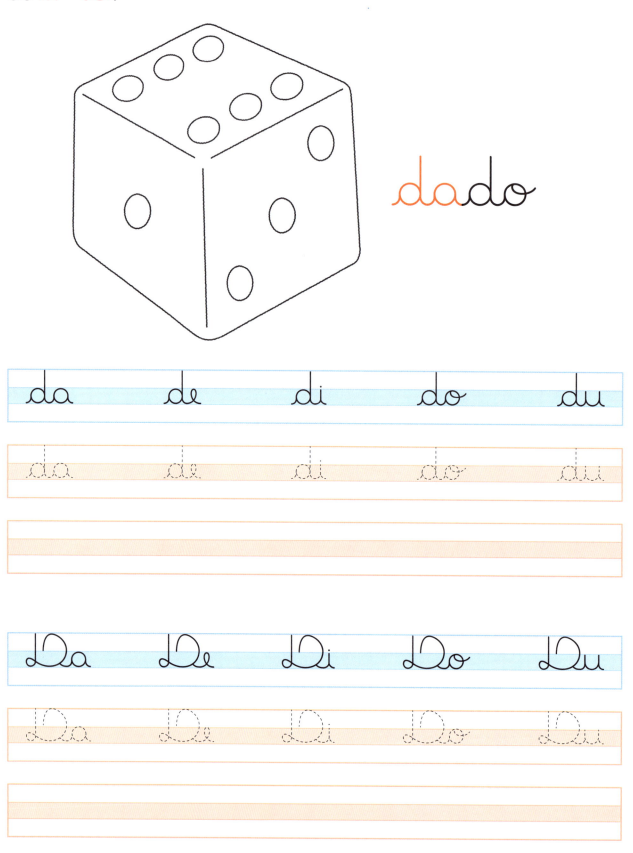

dado

da   de   di   do   du

da   de   di   do   du

Da   De   Di   Do   Du

Da   De   Di   Do   Du

Cubra o tracejado das palavras e complete o diagrama.

dama   dedo

dica   bode

	de	do

Cubra o tracejado das imagens e pinte-as. Depois,
complete as palavras e copie as frases.

Duda é dona de cabide.

Edu é dono de dado.

Pinte a fada. Depois, cubra o tracejado e copie a família do f – F.

fada

fa   fe   fi   fo   fu

fa   fe   fi   fo   fu

Fa   Fe   Fi   Fo   Fu

Fa   Fe   Fi   Fo   Fu

Cubra o tracejado das palavras, copie-as e ilustre-as.

fubá fubá	fubá _____	
fera fera	fera _____	
fio fio	fio _____	
foca foca	foca _____	

Pinte os espaços em que aparecem sílabas da família do f e descubra a foca Filó.

Agora, complete as palavras e copie as frases.

Filó é uma foca.

Filó é fofa e feliz.

Pinte o gato. Depois, cubra o tracejado e copie a família do *g* – *G*.

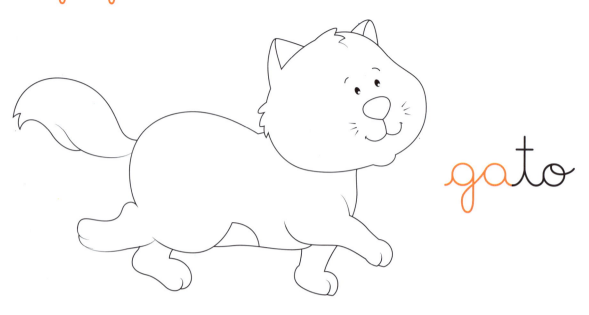

gato

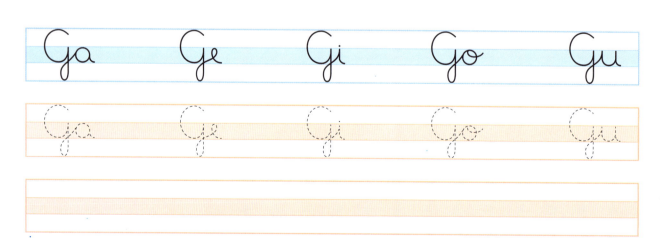

Cubra o tracejado das palavras e leia-as. Depois, observe as imagens e complete o diagrama. Veja o modelo.

fogo   Gabi   Guga

galo   galo   gota

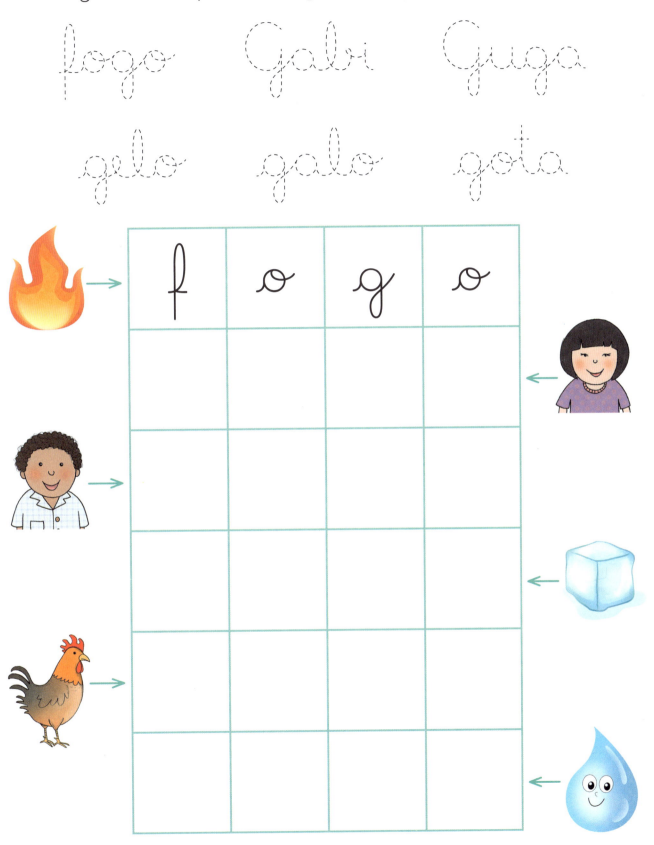

Cubra o tracejado e pinte o animal de estimação de Guto.
Depois, complete as palavras e copie as frases.

Guto joga bola de gude.

Guto é amigo do gato.

Pinte o hipopótamo. Depois, cubra o tracejado e copie a família do *h – H*.

hipopótamo

ha   he   hi   ho   hu

ha   he   hi   ho   hu

Ha   He   Hi   Ho   Hu

Ha   He   Hi   Ho   Hu

Pinte as figuras. Depois, complete as palavras com *he* ou *ho* e reescreva-as.

_____ tel

_____ licóptero

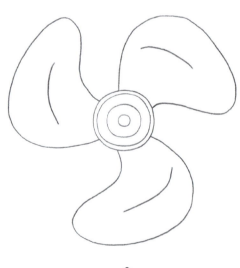

_____ ´lice

_____ mem

Pinte a joaninha. Depois, cubra o tracejado e copie a família do *j* – *J*.

joaninha

ja   je   ji   jo   ju

Ja   Je   Ji   Jo   Ju

Encontre quatro palavras no quadro e pinte-as. Para cada palavra, use uma cor. Depois, reescreva-as embaixo da imagem correspondente.

j	o	g	o	☺
☺	J	u	c	a
c	a	j	u	☺
☺	j	a	c	a

Arbaes/Dreamstime.com

Gelpi/Shutterstock.com

Iv Nikolny/Shutterstock.com

chengyuzheng/iStockphoto.com

Observe as imagens e complete as palavras. Depois, copie as frases.

O jabuti é de João.

O jacaré é de José.

Pinte a lua. Depois, cubra o tracejado e copie a família do
l – *L*.

lua

la   le   li   lo   lu

la   le   li   lo   lu

La   Le   Li   Lo   Lu

La   Le   Li   Lo   Lu

Cubra o tracejado de cada palavra e ligue-a à imagem correspondente. Depois, copie as palavras.

leão

limão

lata

lobo

Complete as palavras e copie as frases. Depois, ilustre-as.

Lia leva a sacola.

A sacola leva a cola.

Pinte o menino. Depois, cubra o tracejado e copie a família do ɱ – M.

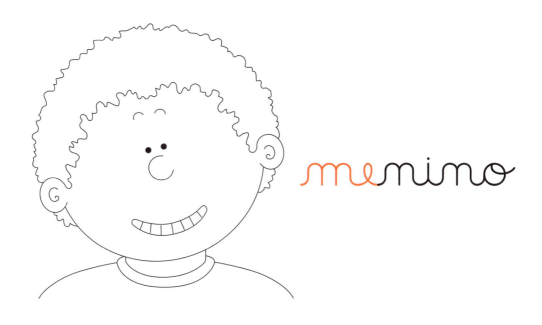

menino

| ma | me | mi | mo | mu |

ma   me   mi   me   mu

| Ma | Me | Mi | Mo | Mu |

Ma   Me   Mi   Me   Mu

Cubra os tracejados e complete o nome de cada imagem.
Depois, copie as palavras.

ma
me
mu

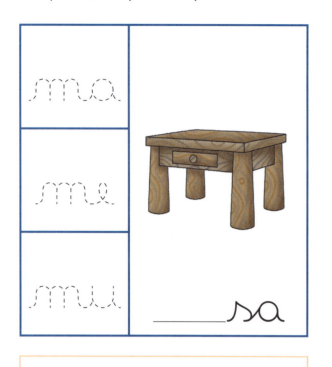

_____sa

mi
me
ma

_____to

ma
me
mi

_____çã

me
mu
me

_____la

Pinte a mala de Mila e a maçã da mamãe. Depois, complete as palavras e copie as frases.

Mila leva a mala.

Mamãe come a maçã.

Pinte o ninho. Depois, cubra o tracejado e copie a família do m – n.

ninho

ma   me   mi   mo   mu

ma   me   mi   mo   mu

Na   Ne   Ni   No   Nu

Na   Ne   Ni   No   Nu

Cubra o tracejado das palavras e complete o diagrama.

nuvem *navio*

mamã *nenê*

	no	*ve*

Pinte os espaços em que aparecem sílabas da família do
m e descubra uma fruta.

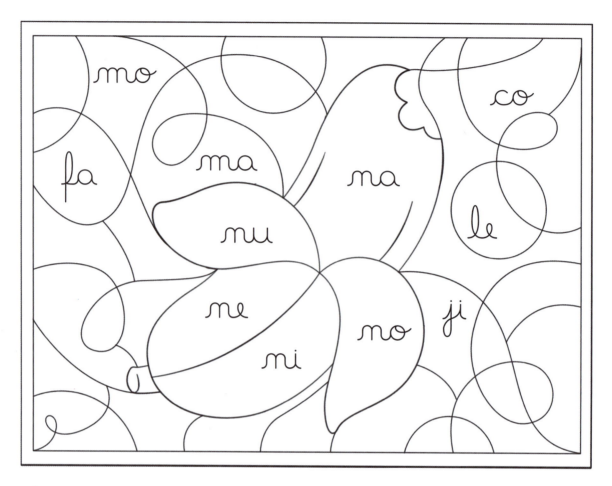

Agora, complete as palavras e copie as frases.

A banana é de Ana.

Ana é uma menina.

Pinte o palhaço. Depois, cubra o tracejado e copie a família do p – P.

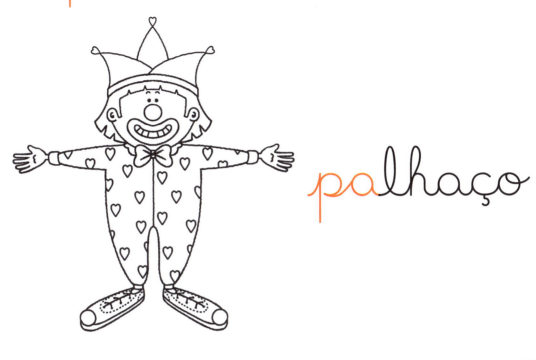

palhaço

pa   pe   pi   po   pu

pa   pe   pi   po   pu

Pa   Pe   Pi   Po   Pu

Pa   Pe   Pi   Po   Pu

Cubra o tracejado das palavras, copie-as e ilustre-as.

pato pato	pato _____	
pote pote	pote _____	
pipa pipa	pipa _____	
peteca peteca	peteca _____	

Cubra o tracejado das pipocas que pulam.

Agora, complete as palavras e copie as frases.

A pipoca pula na panela.

Pula cá, pula lá.

Pinte o quimono. Depois, cubra o tracejado e copie a família do q – Q.

quimono

| qua | que | qui | quo |

qua que qui quo

| Qua | Que | Qui | Quo |

Qua Que Qui Quo

Pinte as figuras. Depois, complete as palavras com qua, que ou qui e reescreva-as.

le____

____dra

____abo

ca____

Pinte o regador. Depois, cubra o tracejado e copie a família do n – R.

regador

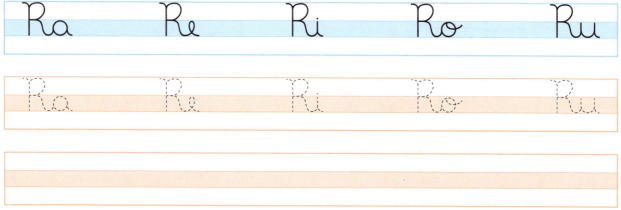

Cubra o tracejado das palavras e leia-as. Depois, observe as imagens e complete o diagrama. Veja o modelo.

roda   Rita   rede

rio   Rui   rei

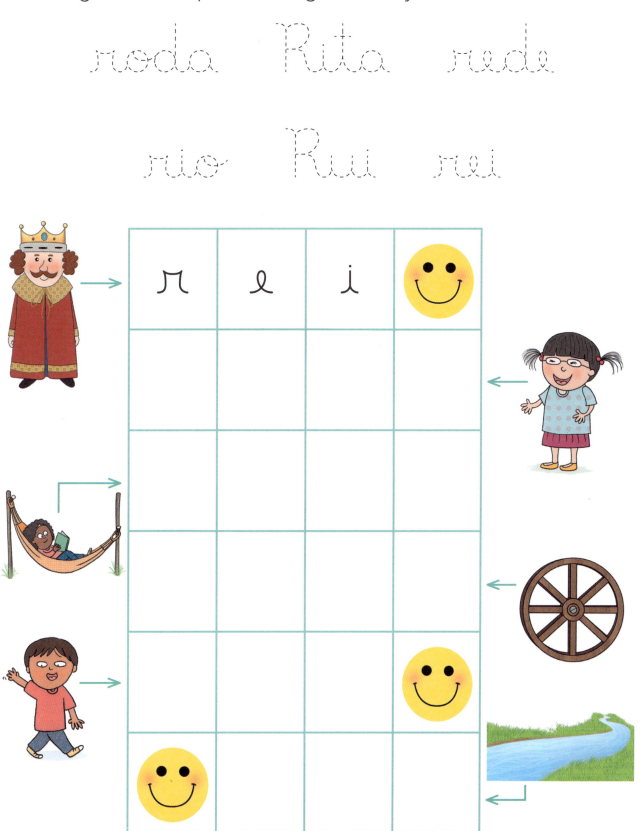

Ligue cada rato a sua sombra. Depois, pinte-os.

Agora, complete as palavras e copie as frases.

O rato da rua roeu a

rapadura do rei.

— Rá, ró, rá. A rã riu do rei.

Pinte o sapo. Depois, cubra o tracejado e copie a família do s – S.

sapo

sa   se   si   so   su

na   ne   ni   no   nu

Sa   Se   Si   So   Su

Sa   Se   Si   So   Su

Encontre quatro palavras no quadro e pinte-as. Use uma cor para cada palavra. Depois, reescreva-as embaixo da imagem correspondente.

s	o	p	a	🙂
🙂	s	u	c	o
s	i	m	o	🙂
🙂	s	a	i	a

Complete as palavras e copie as frases. Depois, ilustre-as.

Sofia comeu salada.

Sabino tomou sopa.

Pinte o tatu. Depois, cubra o tracejado e copie a família do
t – J.

tatu

ta   te   ti   to   tu

Ja   Je   Ji   Jo   Ju

Cubra o tracejado das palavras, copie-as e ilustre-as.

titia titia	titia _____	
tijolo tijolo	tijolo _____	
tapete tapete	tapete _____	
tomate tomate	tomate _____	

Pinte a tulipa e o tucano. Depois, complete as palavras e copie as frases.

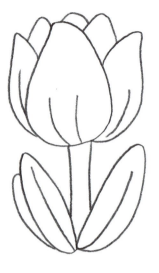

A tulipa é da Jolita.

O tucano é do Tiago.

Pinte a vovó. Depois, cubra o tracejado e copie a família do v – V.

vovó

va   ve   vi   vo   vu

va   ve   vi   vo   vu

Va   Ve   Vi   Vo   Vu

Va   Ve   Vi   Vo   Vu

Cubra o tracejado das palavras e leia-as. Depois, observe as imagens e complete o diagrama. Veja o modelo.

vela   vovó   vaca

vaso   luva   ove

Complete as palavras e copie as frases. Depois, ilustre a história.

Vovô viaja de avião.

O avião voa, voa.

Pinte o xilofone. Depois, cubra o tracejado e copie a família do x – X.

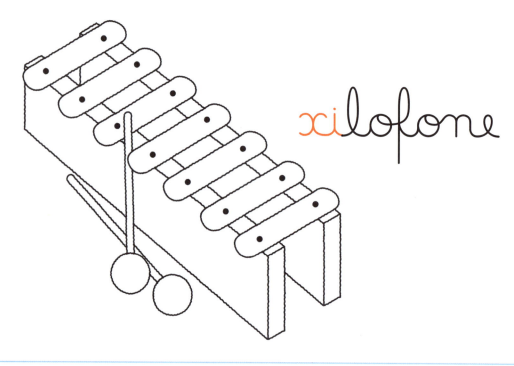

xilofone

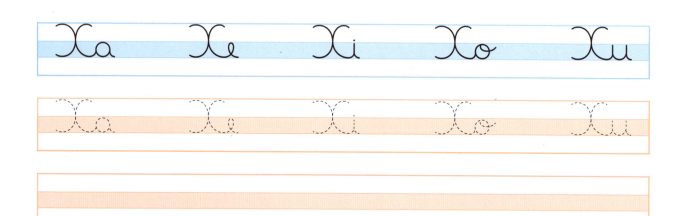

Pinte as figuras. Depois, complete as palavras com **xa**, **xe**, **xi**, **xo** ou **xu** e reescreva-as.

____rife

____xi

cai____

li____

Observe o desenho das xícaras e dos pires e ligue as peças que fazem conjunto.

Agora, complete as palavras e copie as frases.

Uma mexeu na caixa da

xícara.

A xícara da caixa é roxa.

Pinte o número zero. Depois, cubra o tracejado e copie a família do 3 – ℨ.

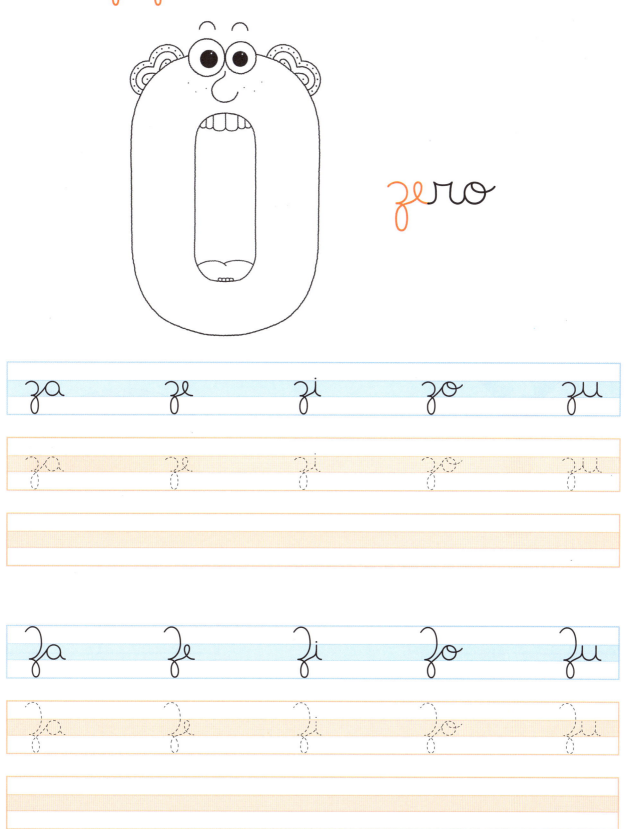

zero

za   ze   zi   zo   zu

ℨa   ℨe   ℨi   ℨo   ℨu

Cubra o tracejado de cada palavra e ligue-a à imagem correspondente. Depois, copie as palavras.

Cubra o tracejado para descobrir o que Zazá está segurando.

Agora, complete as palavras e copie as frases.

Zazá é uma menina pelosa.

Ela é uma beleza de menina.

As letras **k**, **w** e **y** também pertencem ao nosso alfabeto. Elas são utilizadas em nomes próprios, nomes de origem estrangeira e símbolos de uso internacional, entre outros casos.

Circule a letra que inicia o nome de cada figura e copie-a.

kit

k

K

windsurfe

w

W

yoga

Encontre as letras a seguir no nome das crianças e circule-as com a cor indicada.

Kauã

Yasmin

Wagner

Wanessa

Katarina

Yago

Números

De 1 a 9

Cubra o tracejado e continue escrevendo o número 1 (um).

um

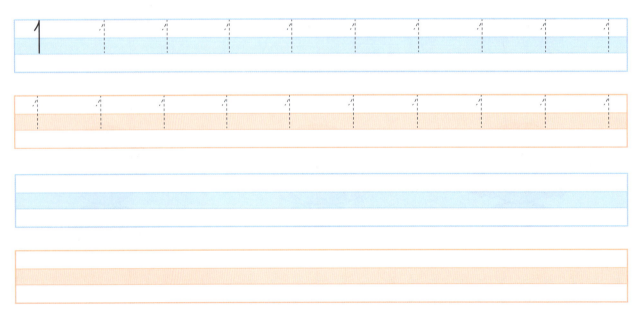

Cubra o tracejado e continue escrevendo o número 2 (dois).

dois

2 2 2 2 2 2 2 2 2 2 2

2 2 2 2 2 2 2 2 2 2 2

Cubra o tracejado e continue escrevendo o número 3 (três).

três

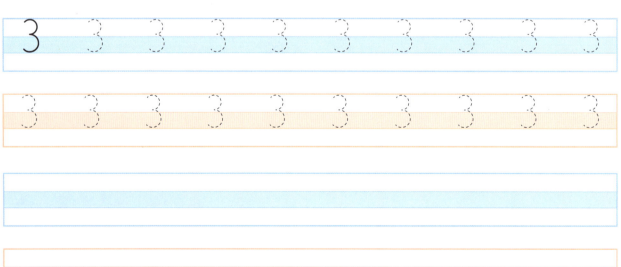

Cubra o tracejado e continue escrevendo o número 4 (quatro).

quatro

4

Cubra o tracejado e continue escrevendo o número 5 (cinco).

cinco

5 5 5 5 5 5 5 5 5 5

5 5 5 5 5 5 5 5 5 5

Cubra o tracejado e continue escrevendo o número 6 (seis).

seis

Cubra o tracejado e continue escrevendo o número 7 (sete).

sete

7

Cubra o tracejado e continue escrevendo o número 8 (oito).

oito

8

Cubra o tracejado e continue escrevendo o número 9 (nove).

move

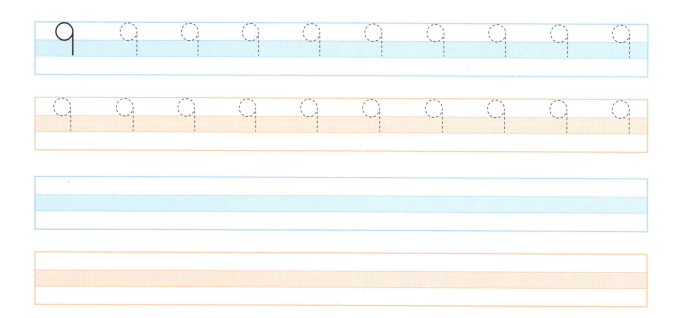

Revendo os números até 9

Cubra o tracejado do número de cada camisa. Depois, trace uma linha indicando o movimento da bola, em sequência, do jogador da camisa 1 até o da camisa 9.

Desenhe em cada cachorro a quantidade de manchinhas indicada na medalha. Veja o modelo.

Cubra o tracejado dos números até 9 e copie-os na pauta.

1 2 3 4 5 6 7 8 9

Desenhe os animaizinhos que faltam em cada sequência e escreva o número correspondente.

1   2   5   6   7   9

1   2   3   5   6   8

Copie os números até 9 nas pautas.

1   2   3   4   5   6   7   8   9

Família do 10 e do 20

Conte até 10.

1 2 3 4 5 6 7 8 9 10

Cubra o tracejado e copie a família do 10.

Cubra o tracejado e copie a família do 20.

Família do 30 e do 40

Cubra o tracejado e copie a família do **30**.

30 31 32 33 34

35 36 37 38 39

Cubra o tracejado e copie a família do **40**.

40 41 42 43 44

45 46 47 48 49

Família do 50 e do 60

Cubra o tracejado e copie a família do 50.

50   51   52   53   54

55   56   57   58   59

Cubra o tracejado e copie a família do 60.

60   61   62   63   64

65   66   67   68   69

Figuras geométricas

Círculo

Usando canetinha hidrocor, contorne as imagens e desenhe mais círculos.

Estas imagens têm a forma semelhante à de um círculo.

Lersak supamatra/Shutterstock.com

Floortje/iStockphoto.com

Richard Peterson/Shutterstock.com

Continue os desenhos até o final da linha.

Quadrado

Usando canetinha hidrocor, contorne as imagens e desenhe mais quadrados.

Estas imagens têm a forma semelhante à de um quadrado.

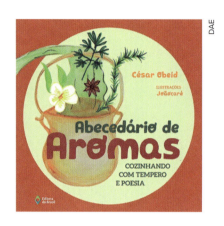

Continue cada sequência de quadrados observando as cores.

Triângulo

Usando canetinha hidrocor, contorne as imagens e desenhe mais triângulos.

Estas imagens têm a forma semelhante à de um triângulo.

Continue cada sequência de triângulos observando posições e cores.

Retângulo

Usando canetinha hidrocor, contorne as imagens e desenhe mais retângulos.

Estas imagens têm a forma semelhante à de um retângulo.

Continue cada sequência de retângulos observando tamanhos e cores.

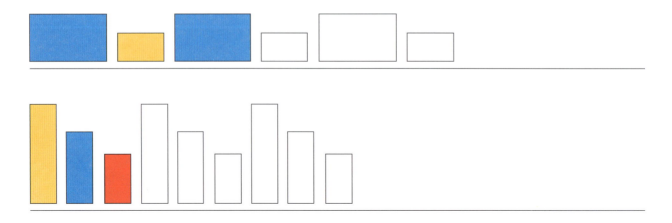

Revendo as figuras geométricas

Cubra o pontilhado e pinte as figuras geométricas conforme a legenda.

Observe a forma desses objetos e faça:

- uma **+** nos que se parecem com círculos;
- uma **+** nos que se parecem com quadrados;
- uma **+** nos que se parecem com triângulos.

Observe as peças que foram usadas para construir estes brinquedos e desenhe outro usando as mesmas peças. Depois, copie o nome das figuras.

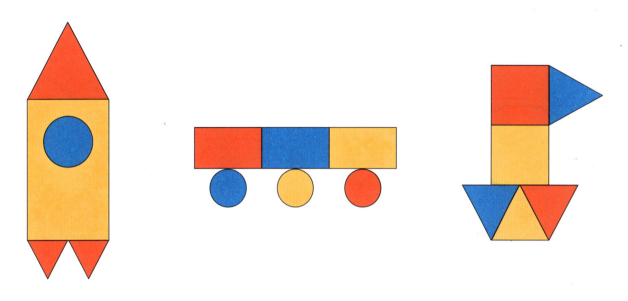

círculo

triângulo

quadrado

retângulo

Datas comemorativas

Páscoa

Siga o passo a passo para desenhar um coelhinho da Páscoa. Desenhe e pinte quantos quiser.

1. Desenhe a cabeça e o corpo.

2. Acrescente duas orelhas e a cauda.

3. Agora só faltam os olhos, o focinho, os dentes e os bigodes.

Leia e copie a frase com capricho.

Feliz Páscoa para você!

Dia do Índio – 19 de abril

Pintura livre.

Leia e copie a frase com capricho.

Os índios respeitam a natureza.

Dia das Mães – 2º domingo de maio

Desenhe os cabelos de sua mamãe ou da pessoa que cuida de você. Depois, faça um lindo colorido.

Leia e copie a frase com capricho.

Eu te amo muito!

Festas Juninas – mês de junho

Pinte os espaços em que há pontinhos usando as cores indicadas e descubra a resposta da adivinha.

Nas noites de São João
Fico acesa na rua.
Sou de lenha, sou de fogo,
Fico olhando o brilhar da Lua.

Adivinha.

Leia e copie a frase com capricho.

Vivam as Festas Juninas!

Dia dos Pais – 2º domingo de agosto

Faça um desenho em homenagem ao papai ou à pessoa que cuida de você.

Leia e copie a frase com capricho.

Você é o melhor!

Dia da Árvore – 21 de setembro

Encontre e marque um **X** em 5 diferenças entre as cenas.

Leia e copie a frase com capricho.

Cuide bem das árvores!

Dia Mundial dos Animais – 4 de outubro

Complete a carinha dos animais e pinte-as.

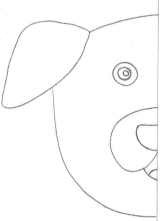

Leia e copie a frase com capricho.

Trate bem os animais.

Dia da Criança – 12 de outubro

Como você se vê no espelho?

Desenhe seu rosto e pinte a imagem completa.

Leia e copie a frase com capricho.

Como é bom ser criança!

Dia do Professor – 15 de outubro

Ligue cada peça à que é igual na imagem completa.

Leia e copie a frase com capricho.

Professor, hoje é seu dia!

Natal – 25 de dezembro

Complete as bolas de Natal para que fiquem iguais à do meio.

Leia e copie a frase com capricho.

Natal é uma festa alegre.

Pinte o ursinho bem bonito.

Parabéns, criança!
Este livro terminou, mas
ano que vem tem mais!